홍경자 시집

약속의 삶

홍경자 시집

약속의 삶

월간 순수문학 출판부

◆ 시인의 말

열 번째 시집을 내며

 전문인으로서의 사명감으로 전공 서적을 몇 권 내어놓고, 인생의 숙제를 하는 마음으로 다람쥐 쳇바퀴 돌듯 돌아가는 평범平凡한 삶의 일상 속에서 발견하고 느껴지는 비범非凡한 삶의 냄새에서 위로와 기쁨과 희망을 길어 올릴 수 있는 글을 쓰고 싶었다. 듣고 배워서 사용해 온 일상의 언어로 장욱진 화백의 〈부엌〉처럼 간결하게…

 아홉 번째 시집을 내었다 하니 열 번째는 미수米壽에 보여주라며 용기를 불어넣어 주는 친구가 있어 고마워하며 새삼 내 나이를 꼽아보니 "밤새 안녕하십니까"라는 인사를 받을 나이가 되었다. 주제 파악을 못한 것인지 안 한 것인지, 착각 속에 살아온 것 같다.

 한솥밥을 먹기 시작한 지 엊그제 같은데 반세기가 지났다 한다! 돈키호테와 팔불출이라는 별명도 마다 않고 딩크족族으로 전우애戰友愛로 지내온 고마운 세월이다. 평범 속에서 비범을 발견하는 즐거움과 괴로움을, 아름다운 세상을 꿈꾸고 이웃과 더불어 살아가려는 힘과 용기를 주고받을 수 있었으니 이 얼마나 큰 축복인가! 이에 건강하게 미수를 맞이하는 내 짝꿍에게 보내는 축하 선물로 열 번째 시집을 내기로 하였다. "제가 무엇이기에 이리 보살펴 주십니까" 하고 하느님께 감사드리며…

지난 2년간 이곳저곳에 실었던 글들을 모았습니다. 5부에는 스마트폰에 담아놓은 우리 아파트 동네와 국내외 여행에서 마주친 아름다운 모습들을 곁들였습니다. 언제나 부족함을 느끼며, 드러내기에 부끄러운 마음 감출 수 없습니다. 하지만 컴퓨터 앞에 앉아 보내는 침묵과 사색의 시간에 하느님의 크나큰 자비와 사랑을 깨달아가는 자신을 발견하기에 용기를 낼 수 있었습니다. '열 번째 시집이라는데 소문난 잔치에 먹을 것이 없다' 할지라도 밤 지새우며 컴퓨터와 마주한 수고만이라도 기억해 주면 고맙겠습니다.

응원의 박수를 아끼지 않고 보내주는 네 아우들과 그 짝꿍들에게, 가까이에서 글쓰기를 응원하고 격려해 주는 친지들에게, 오늘에 이르도록 옷소매라도 스친 인연으로 친절한 가르침을 아끼지 않으신 모든 분께 고마운 마음을 담아 이 책을 드립니다.

詩시를 쓰고 모을 수 있도록 기회를 주시고, 묶어내도록 격려해 준 月刊순수문학의 박영하 주간님과 임직원 여러분께 깊은 감사의 마음을 전합니다.

2025년 초여름 더운 날씨에
志軒 드림

| 목차 |

◆ 시인의 말 • 10

1부 잉어들의 윤무

강남 촌할매 • 21
강릉 해변에서 증명사진을 • 22
대물림된 마음 • 23
동창을 떠나보내며 • 24
딥 페이크 • 25
루이세뇨족이 아이들에게 • 26
부활하신 주님 • 27
시상을 건져 올리려 • 28
약속의 삶 • 29
어느 여름날 오후 • 30
내 밥그릇 지키기 • 31
잉어들의 윤무 • 32
착한 내 그림자 • 33
참으로 이상타 • 34
파리올림픽 · 1 • 35
파리올림픽 · 2 • 36
파리올림픽 · 3 • 37
폭우 속 동창들의 만남 • 38
호랑이가 장가를 • 39
성당 가는 길 • 40

2부 내 안의 마그마

개굴개굴 개구리처럼 • 43
내 안의 마그마 · 1 • 44
내 안의 마그마 · 2 • 46
내 안의 마그마 · 3 • 47
내 안의 마그마 · 4 • 48
내 안의 마그마 · 5 • 49
내 안의 마그마 · 6 • 50
덜 늙은 얼굴 • 51
동창 친구야 • 52
무슨 띠이세요 • 53
반세기를 더불어 • 54
세상이 천국으로 • 55
변신의 귀재 • 56
신록의 봄을 • 58
어린 것은 무엇이나 • 59
여름이 없다면 • 60
오디의 추억 • 61
운칠기삼이라지만 • 62
정을 주고받고 • 63
커피를 즐기듯 • 64

3부 춤추는 산타

갑진년 마지막 인사동 나들이 • 67
갤러리를 순회하는 마음 • 68
계묘년 마지막 날에 • 70
공휴일 오후 카페에서 · 1 • 71
공휴일 오후 카페에서 · 2 • 72
공휴일 오후 카페에서 · 3 • 73
깔끔한 휴전 음식상이 • 74
을사년 새해 첫날에 • 75
물방울 하나 • 76
미술작품과 함께 피서를 • 77
소문난 잔치 • 78
친구들이 전하는 말 • 79
알 수 없는 두려움에 • 80
어떤 비둘기 한 쌍 • 81
왜 시를 쓰는가 · 1 • 82
왜 시를 쓰는가 · 2 • 83
작가이신가요 • 84
잘 될 나무 떡잎부터 • 85
춤추는 산타 • 86
푸른 용의 새해에는 • 87

4부 가을 나뭇잎

가을 나뭇잎 • 91
가을 문턱의 우박 소나기 • 92
가을에 봄 소문을 • 93
개구리가 훌쩍 하기를 • 94
나와 너의 발자국이 • 95
노년을 살아가며 • 96
정면과 반면교사 • 97
단풍낙엽 • 98
대추를 보고도 • 99
사십 년 만에 토란국을 • 100
심술꾸러기 꽃샘추위 • 101
어느날의 홈캉스 • 102
언어 쓰레기 • 103
오늘의 풍요 • 104
이 세상 졸업식을 멋지게 • 105
일을 하는 마음 • 106
초록빛 은행나무 낙엽 • 107
축복받은 할머니들 • 108
팔팔한 발코니 식구들 • 109
한겨울 밥상의 주인공을 • 110

5부 구름 위 달마 되어

가을의 멋을 · 113
구름 위 달마 되어 · 114
까치밥 · 116
나뭇잎 · 118
난의 향기 · 120
몽골의 바이칼호湖 · 121
눈 발자국 무늬길 · 122
눈雪 다식 사랑 · 124
눈사람이 만들어 낸 길 · 126
눈사람이 "아이 추워" · 128
바리스타의 사랑 · 130
부채질하며 달과 별과 · 132
빈 그릇 하나 · 133
사과껍질 · 134
아름다운 약속 · 135
입춘대길 · 136
눈사람 이름 · 138
바다부채길 · 140
정원호수庭園湖水 불청객 · 142

즐거운 썰물 해수욕장 • 144
즐기며 걷는 길 • 146
제주 사려니 숲 • 148

1부

잉어들의 윤무

강남 촌할매

여의도역에서 백화점을 찾아가는 지하도로
조심조심 걷는 무빙워크moving walk 열두 개
양 옆의 화려한 상가와 외국어 광고판
서울인가 외국인가 휘둥그레지는 눈과 머릿속

별천지가 바로 이런 것인가
매장마다 고급스러워 보이는 상품들이 그득그득
젊은 손님들로 북적거리는 카페와 레스토랑
커피향이 무색하게 나무 향기 뿜어내는 식물가든
에스컬레이터로 오르내리며 즐기는
자연광 비치는 드넓은 중앙 공간과 대형 스크린

「폼페이 유물전」을 보고 난 눈의 피로감을 씻어내다가
이곳이 화산재로 덮이면 어찌될까…
강남촌할매의 엉뚱한 생각에 등골이 오싹오싹

강릉 해변에서 증명사진을

나이 팔십 훌쩍 넘어
인생의 희노애락喜怒哀樂 맛보아 알고
조금은 완숙完熟해진 꿈 많던 여고 동창 여섯
강릉 해변에 모였네

즐겁고 아름다운 추억 속에 떠오르는 깨달음에
묵은 찌꺼기 정화淨化시키는 진솔함 더하며
피워내는 이야기꽃 속에 일몰日沒을 보내고
여명黎明을 맞이하였네

구순九旬에
이 자리에서 만나자 약속하고
남은 인생의 첫 날인 오늘에 감사하며
2023년 봄 동해바다를 배경으로
만개滿開한 경포호숫가 벚꽃처럼 활짝 웃었네

대물림된 마음

어느새 대학 졸업 육십 년이 되었다 하니
축복받은 행운아幸運兒들임에 감사하는 마음
글로 써서 드러내고 조촐한 잔치 베풀며
십시일반十匙一飯 헌금으로 모교에 기부도 했네

미국약사가 된 어머니의 산수傘壽기념으로 아들이
〈어머니 이름 장학금〉을 모교에 기부하였다 하니
인천仁川에 사는 동창의 두 자녀도 용기를 내었네

어려웠던 학창 시절에 받았던 도움 생각하며
고마워하는 마음으로 키워낸 아이들
어머니 본받아 행동으로 보여주는 "고마워요"
기특하고 기특한 대물림이네

하느님 아버지의 사랑의 손길이
이들 가족 모두와
항상 함께하여 주시기를…

동창을 떠나보내며

한 주 간격으로 동창 두 사람을 떠나보냈다
대장암과 폐암의 힘든 항암치료과정을 잘 이겨내
'오뚝이'라며 축배를 들어 주었던 친구는
급성골수성백혈병으로 입원 한 달 만에
다른 친구는 뇌출혈로 쓰러져 넉 달 만에…

영생으로 가는 길 배웅하러 모인 동창들
칠십여 년 쌓아진 아름다운 추억 퍼올려 나누며
팔십이 훌쩍 넘도록 허락 받은 삶이 고맙단다

언제 어떻게 부르실지 그 때와 시와 장소를 모르니
주변 정리 깔끔하게 해 놓고 기다리다 '네' 하며
식구들 고생 안 시키고 예쁘게 떠나고 싶단다

오늘이 내 생애의 첫 날인 듯 마지막 날인 듯
고마워하는 마음으로 최선을 다하고
친구들과의 만날 기회 놓치지 않고 즐기겠다 한다

딥 페이크

미국에서 일어난
유명정치인 저격사건
피해자 얼굴이
유명 화가의 자화상에 덧씌워졌다

전달해 준 화가 친구에게
'너의 작품인가' 물었더니
누군가 재빠르게
딥 페이크Deep Fake 한 것이란다

이처럼 쓴웃음 지으며 넘길 것도 있지만
의도적 악랄함으로 피해를 입히기도 하니
마냥 좋다고만 할 수 없는
AI시대를 어찌 살아가야 할까

루이세뇨족이 아이들에게

예술의 전당 앞길에서 우면산 바라보며
높고 푸른 하늘에 흰 구름 찾다 허탕치고
'가을 하늘 공활 한데 맑고 구름 없이…'
애국가 제3절을 흥얼거리게 하는 맑은 날

애국가 작사자의 자연사랑
새롭게 감탄하는데
북아메리카 원주민 중 루이세뇨 족族이
아이들에게 한다는 말이 떠오른다

"대지가 네 말을 듣고 있고
하늘과 숲과 우거진 산이 너를 지켜보고 있다
네가 이 사실을 믿는다면
너는 온전한 어른이 될 것이다"

자연과 더불어 살아가는 인간
자연에서 배우며 닮아가야 하지 않을까…
애국가를 제4절까지 곱씹어 부르며
'하느님이 보우하사 우리나라 만세' 기도한다

부활하신 주님

죽음을 이기고 부활하신 주님 덕분에
꿈에도 상상 못 하던 크나큰 은혜 입었네

천상 혼인잔치에 참석하자는 성령님의 속삭임으로
만물의 창조주이신 분의 사랑받는 딸로 태어나
길이요 진리요 생명이신 주님을 스승으로 모시고
형제자매들과 아버지 나라로 향하게 되었네

내 안에 둥지를 트신 성령님
말귀를 못 알아듣는 나의 귀를 열어주시어 매일
'네 마음과 정신과 힘을 다하여 하느님을 사랑하고
네 이웃을 네 몸처럼 사랑하라' 일깨워주시며
진인사대천명盡人事待天命할 용기와 지혜 주시네

나보다 더 나를 사랑하시는 하느님 아버지
'축복받은 사람' 임을 깨달아 오늘도 감사드리며
아버지의 뜻 이루려 걸어가신 주님의 발자국 따라
성령님 인도받아 걸어가오니
찬미와 영광과 사랑 받으십시오 아멘

시상을 건져 올리려

대학 졸업 60주년 행사를 치른 날 저녁
한가로운 마음으로 TV 뉴스를 경청하다가
떠오른 생각이 다가온 원고 마감일이네

다음 날 아침 지끈거리는 머리와 몸
타이레놀 한 알 삼켜 달래고
동네 카페의 창가에 홀로 앉았네

오가는 각종 차량과 사람들 바라보며
시상詩想을 건져 올리려는데
무아無我의 경지에라도 이른 것인가

찻잔 속 검은 커피는 다 식었는데
내 머릿속은
마냥 하얗기만 하네

약속의 삶

나 홀로 살아갈 수 없는 이 세상은
과거로 이루어진 오늘 더 나은 내일을 바라보며
이웃과 사회와 맺은 수많은 약속의 울타리 안에서
약속을 지키려 자신과 싸우는 자아 성취의 길

부모다운 부모가 되어주겠노라 마음에 새기며
국민다운 의무수행으로 보호를 받겠다는 출생신고
적절한 노동과 대가를 주고받겠다는 취업계약
죽음이 갈라놓을 때까지 함께하겠다는 백년가약

항상 함께하며 사랑해 주고 축복하여 지켜주며
영생永生을 주는 아버지가 되어주겠다는 선약先約에
마음과 생각과 정성을 다하여 하느님을 사랑하며
이웃을 내 몸처럼 사랑하겠다는 세례洗禮의 약속

인생길에 널려있는 이런저런 걸림돌에 채이고
유혹에 넘어간 나약한 인간의 불쌍한 모습
각종 매체媒體를 매일 장식한다
지난 세월 나의 약속의 삶은 어떠하였는가

어느 여름날 오후

길바닥에 쓰러져
날갯짓하는 애처로운 매미 한 마리에
아빠의 손 놓고 시선을 집중하는 남자아이

'눈이 밝구나…' 엄지 척 해보이니
이상하다는 표정 짓는데
아빠는 자랑스러운 웃음 가득하네

아이 같은 호기심이 발동한 것인가
오지랖이 또 넓어진 것인가
웃으며 보낸 어느 여름날 오후였네

내 밥그릇 지키기

정부의 의대 증원 발표에 대한 반발로
전공의와 전문의 파업 의대생 등교 거부
일부 의대 교수 사직과 대학병원의 제한적 외래휴진
내 밥그릇 지키겠다고 일으키는 집단반란에
환자와 보호자들 발만 동동 구른다

자타가 인정하는 수재들 생각이 겨우 집단파업인가
상식마저 벗어난 이념화된 막노동자 같은
소위 의사 단체장들의 말은 더욱 안타깝다
왜 의사가 되려고 초등학생 때부터 공부만 하였는가
히포크라테스 선서의 의미는 무엇인가

부와 명예를 위한 지식만 쌓도록 인도되었는가
날로 발전하는 AI 시대에
사명감과 삶의 지혜 부족으로 유혹에 빠진 것일까
그 일탈逸脫의 피해는 누가 어떻게 보상할 것인가
'하느님이 보우하사 우리나라 만세' 두 손 모으네

잉어들의 윤무

정원호수에서 자유롭게 노니는 여러 색깔의 잉어들
발자국 소리에 재빨리 다가오는 붉은 머리
뒤를 쫓아 황급히 우르르 몰려드는 무리
물결이 예쁘게 갈라지며 햇살에 반짝이는 물결

관광객들에게 길들여진 잉어들이련만
내 손이 빈손인 줄 알 도리 없는지
그저 먹잇감 얻으러
대장 뒤를 쫓아 이리저리 몰려다닌다

관상용 물고기 무리의 아름다운 윤무輪舞와
반짝반짝 가볍게 출렁이는 비단 물결 즐기며
물 속에서 한껏 놀고픈 마음 달래는데 갑자기
TV속 유명정치인과 추종자들 모습이 어른거린다

착한 내 그림자

단톡방에 전달된 영상물 속 아가들
앞서 가며 움직이는 그림자 보고
자지러지게 놀란다

나도 저런 때가 있었지…

인생길에서 해의 비추임으로
앞서 가는 그림자 보며 걷다 보면
뒤에 남는 발자국도 생각하게 된다

때로는 놀리고 때로는 웃기며
삶의 자세를 곧게 하여
좋은 발자국 남기라 일러주는 착한 그림자다

참으로 이상타

TV에서 가사에 어울리는 옷 입고
초등학생이 애절하게 사랑 타령을 하고
노인들이 동요를 부른다
참으로 이상타

삶에 지쳐
순수했던 동심 세계로 돌아가고픈 노인들이고
세계적 K팝 문화와 더불어 자라나며
또래에게 뒤지고 싶지 않아 경쟁하는 아이들인가

경험해 보지 못한 저출산과 고령화 시대에
한 울타리 안에서 뒹굴며 어울리지 못하니
자기들만의 개성을 추구하여 드러내는 것인가

역사에서 배우지 못하여 인류 역사가 반복된다던데
이 세대는 어느 시대의 역사를 반복하고 있는 것인가
ChatGPT에게 물어볼까…

파리올림픽 · 1
- 즐김의 여유를

찜통더위와 정치인들이 긁어대는 짜증을
가라앉혀 주는 파리올림픽 금메달 수상 소식
역사적으로 침략을 모르고 당하기만 한 우리 민족
자기방어의 수단으로 길들여진 유전자의 위력인가
양궁(활) 사격(총) 펜싱(칼) 경기에서 시작되었네

88올림픽에선
국위선양을 위한 전사戰士가 되어
'은메달 따서 죄송하다' 고개 숙이더니

36년 후
자아실현에 초점을 맞추는 선수들
여유로운 마음으로
승자勝者에겐 축하 인사를
패자敗者에겐 위로의 말을 건네는
스포츠를 즐기는 사람이 되었네

파리올림픽 · 2
- 선수들의 말 말

함축된 의미가 포함된
몇몇 선수들의 말을 되새겨 보았네

"나도 부족하지만 남도 별것 아니다."
"괜찮아. 다 나보다 못 쏴."
"하루하루 그냥 열심히 했더니 메달을 땄다."
"메달 땄다고 젖어있지 마라. 해 뜨면 마른다."
"메달 딴 건 오늘까지 즐기고
 내일부터는 과거에 묻어두겠다."

"승자의 실력이 대단했지만
나도 열심히 노력하겠다."
"영(零)점 쐈다고 세상이 무너지나요?
인생에 사격이 전부가 아닙니다."
"대한민국이 대단하니 견뎌 내야지요."

파리올림픽 · 3
- 희망을 보았네

"심박수가 정상입니다"라는 양궁해설자의 평評처럼
피땀 흘리는 반복훈련에 최선을 다하고
평상심平常心을 유지한 선수들과
밤잠 설치며 응원하는 국민들이 이루어 낸
자랑스러운
금메달 13 은메달 9 동메달 10 종합순위 8위

이 시대를
초등생 '의대반학원'과 '스카이학원'이 등장한
'신동콤플렉스' 사회라 일컫는 말 듣고 우울하더니

승패勝敗를 대하는 어린 선수들의 언행에서
꿈과 진인사대천명盡人事待天命하려는 의지를 읽으며
희망을 보았다
"하느님이 보우하사 우리나라 만세" 고맙습니다

폭우 속 동창들의 만남

폭우경보를 발령하는 일기예보에
늦은 저녁부터 아침까지 스마트폰 손에 들고
'내일 참석 못 하겠다'는 문자라도 올까 두렵더니
전원참석에 고맙다 하니
'모임취소' 연락이 올까 두려웠노라 하네

최근에 우리 곁을 떠난
동창들의 빈 자리가
단톡방에서 식탁 자리에서 느껴지네

묵은지 같은 만남이 좋아 한 번이라도 더 보자고
여름휴가도 양보하며
다음 달 모임을 약속하는 팔십 대 할머니들

헤어짐이 아쉬워
비 내리는 덕수궁 미술관 뒷산 바라보며
종업원이 '타임아웃'이라 할 때까지 자리 지키네

호랑이가 장가를

봄의 발목을 잡는 괴상한 날씨
세찬 바람이 몰고 온 시커먼 구름
비와 우박을 실컷 쏟아내면
해님이 시치미 떼고 활짝

'호랑이가 장가를 드나'
'여우가 시집을 가나'
겨울 외투와 머플러에 우산까지 챙기는데
만개한 벚꽃 며칠이나 견딜까

어지러이 흩어지던 벚꽃잎
기지개켠 철쭉과 영산홍 덮어 주며
'조금 더 자라' 하고
길바닥 얕은 물 위에서 춤을 추네

성당 가는 길

팔 년 만이라는 화이트 크리스마스 2023
함박눈 곱게 내리는 성당 가는 길 걷는다

예술의 전당 전시회에서 머리에 새겨진
미셸 델라크루아의 '눈 내리는 파리 거리'를…

무릎 수술 후 통증과 싸우던 지난해
간병인과 간호사와 나누던 케익을 떠올리며…

넘어질세라 지팡이 잡은 손에 쥐가 나려 하지만
혼자서도 잘 걸을 수 있으니 고맙다 하며…

마음 깊은 곳에 넘쳐나는 기쁨과 평화로
"어서 가 경배하세~" 흥얼거리며…

2부

내 안의 마그마

개굴개굴 개구리처럼

할머니의 팔순 잔치로
태국 관광을 다녀오던 일가족 아홉 명
무안공항에서 사고를 당하니
동네의 유일한 어린아이
웃는 얼굴 다시 볼 수 없고
집을 지키던 하얀 개 주인 찾아 헤맨단다

이 아픔을
무어라 말로 표현할 수 있는가
두 손 모아 기도할 뿐이네

개굴개굴 개구리처럼
'아들 손자 며느리 다 모여서'
즐겁게 밤이 새도록 노래하던 가족

이제 천국에서
자비로우신 분의 품에 안겨
영원토록 노래하기를…

내 안의 마그마 · 1
- 상팔자

임신부만 보아도
어린애 손잡고 가는 여인네의 뒷모습만 보아도
식순에 따라 부모에게 인사하는 신랑 신부를 보고도
마음이 위축되고 울적해지며 눈물마저 핑 돈다

한눈팔지 않고 친구삼아 애인삼아 자식삼아
나만을 바라보며 자랑스러워하는 남편
'자식을 못 낳았어도 좋다 네가 박사가 된다니
가문의 영광이다 축하한다' 하시던 시어머님
덕분에 '무자식 상팔자'의 평안한 세월을
딩크족(DINK:Double Income No Kid)의 여유를 즐긴다

하지만 나이 들수록 기회만 있으면 꼬투리를 잡아
눈물을 쏟아내는 내 설움에 덜컥 겁마저 든다
아들 못 낳은 설움 덩어리 끌어안고
치매에 걸리신 7공주댁 친척 할머니 보며…
주어진 업무에 몰두하여 즐겁게
전문영역과 후배들 키우는 일에 한 몫을 하였으니
설움을 잘 승화昇華시켰다고 자부해본다

언제 폭발할지 모르는 용암을 품고 있는 내 휴화산
그 생명이 오늘로 끝나기를 간절히 바라고
오늘 이 시간까지 베풀어주신 조건 없는 자비심
내 생명 다하도록 계속되리라 믿으며 감사드린다

그리고 지금의 나를 있는 그대로 사랑하리니
그 어느 것도 나를 위축시키지 못하리라
눈물이 흐른다면 그것은 설움이 아닌
감사와 기쁨의 눈물일 것이다
내가 가지고 태어난 그릇에
그 분이 보시고 좋아하실 것들로
멋지고 아름답게 가득가득 채워 드릴것이다

내 안의 마그마 · 2
– 휴화산을 사화산이라

TV화면을 장식하는 화산폭발 영상물
잊을만하면 전해오는 소식에 온 세계가 놀라는데

이십여 년 전 폭발한 '상팔자'라는 내 안의 마그마
그 생명력이 끝났으니 또 눈물이 흐른다면 그것은
설움이 아닌 감사나 기쁨의 눈물일 것이다 하였건만
연이은 조카들의 결혼 소식에 폭발하니 당혹스럽네

오늘을 있게 해 준 어제의
당당함에 감사하며 추억 속으로 떠나보내고
인생 제3막에서 홀로서기를 준비하려는 이 때에…
휴화산休火山을 사화산死火山이라 착각하고 있었는가

화산재 덮어쓴 마을을 복구하듯
내 안의 마그마 모두 꺼내어 허허 웃으며 털어버리고
모두에게 사랑받는 푸근한 상품으로
새롭게 태어나는 내일이 되게 하소서 두 손 모으네

내 안의 마그마 · 3
- 누구에게는 넷씩이나

누구에게는 넷씩이나 주시고 저에게는…
내 어찌 모르랴
태胎를 열어주십사 기도하던 너의 마음
기쁜 소식에 울음마저 삼켰다 너를 생각하며…

어찌하겠느냐
이 세상 모든 일이 주님의 뜻 안에 있으니
부러워도 말고 샘내지도 말고
네게만 주신 은혜 헤아려 보자…

그 모든 것에 생각과 말과 행동으로 감사드리며
주님 안에서 오늘을 즐기며 웃는 행복을 마음껏 누리렴
검은머리 파뿌리 되도록 함께하라 맺어주신
네 짝꿍과 함께…

이것이 네게 주신 주님의 선물이니
나와 함께
"주님의 종이오니
그대로 제게 이루어지소서." 하자

내 안의 마그마 · 4
– 그 깊고 큰 뜻을

'더도 덜도 말고 한가위만 같아라.' 라는 계절
풍성하게 열매 맺은 햇곡식과 햇과일 거두어
감사하는 마음으로 주고받으며 즐기기에 바쁘다

열매 맺어 땅에 뿌려 번성함이 자연의 이치이니
맺지 못하면 멸종滅種이 된다
진인사대천명盡人事待天命하려 평생 노력해 온
상팔자上八字는 삶의 보람을 어디에서 찾을까

열매를 못 맺은 한恨 품지 않고 풀어내었다 하지만
생명체의 본능은 허전함을 문득문득 느끼게 하니
나를 구원해 주신 분께 또 여쭙는다
열매만 빼고 모든 복을 풍성하게 내려주시는 뜻을…

지구상 생명체가 멸종 후 우수한 종족이 출현하였듯
가계家系의 진화를 위해 밑거름이 되라고 하심인가
그 깊고 큰 뜻을 이 작은 머리와 가슴으로 어이 알까
'나보다 더 나를 사랑하시는 분' 께 엎드릴 뿐이네…

내 안의 마그마 · 5
- 나도 키워보았으면

단톡방에 전달된
새끼를 키우는 각종 짐승과 조류의 모습
어미의 지극정성에 감탄하게 되네

품안의 자식이고 자식이 원수란 말들도 하지만
모성 본능 한껏 펼치며 키우는 재미 맛보았으면
나의 모난 성격도 조금은 둥글어졌을 터인데…

'자식을 낳아 번성하라'는 축복을 못 받았으나
모든 것이 그분의 뜻이니 어찌하리요
'주님의 뜻대로 이루어지소서' 아뢰고 또 아뢰네

내 안의 마그마 · 6
- 겨울잠에서 깨어나

어찌하여 아직도
네 마음속 마그마 걷어내지 못하고
친구들의 성공한 자식들이 부러워 심란해지느냐
'가지 많은 나무 바람 잘 날 없다' 하지 않느냐

지천명知天命이 지난 캥거루족族 외아들 용돈 챙기고
돌싱된 외동딸과 그 아이를 보살피거나
장애인 아들의 일생을 지켜주어야 하는 엄마
그 마음들을 생각해 보았느냐

네 그릇에는 그러한 일들을 담을 수 없으니
네 능력에 맞게 경천애인敬天愛人하라고
마음으로 돌보아 준 너를 이모라 부르게 한 동아에게
신심信心 깊고 충직한 아내와 아들을 허락하였느니라

무한하신 측은지심惻隱之心으로
제 눈과 귀와 마음을 열어주시니
감사드리며 오유지족吾唯知足 하겠습니다
2025년 겨울잠에서 깨어난 개구리 되어

덜 늙은 얼굴

지하철 게이트에서
헤어지는 아쉬움에 잡은 손 놓지 못하던 두 여인
'내년에는 덜 늙은 얼굴로 만나자' 하네

덜 늙은 얼굴이라니…

얼굴을 보면 그 사람을 알 수 있다 하고
사십이 넘으면 책임져야 한다는 얼굴
추해지는 유명 인사를 가끔 TV 화면에서 만나네

어릴 적 별명이 빈대떡
젊은 시절 얼굴값도 못한다는 말 들은 적이 있는 나
어느새 팔십을 훌쩍 넘은 노인이 되어 버렸네

'덜 늙은 얼굴'이 되면
구수하고 두툼한 빈대떡 되어
얼굴값 좀 하게 되려나…

동창 친구야

팔십 년 넘게 살아 보니
세상살이가 그리 쉽지는 않더라
백팔번뇌가 있고 지고 가야 할 십자가도 많더라

형편없는 음식도 고마워하며 맛있게 먹어야
살이 되고 피가 되어
몸과 마음이 잘 유지되더라

맛있게 먹을 용기와 지혜
본능을 뛰어넘는 믿음을 통하여 얻을 수 있고
이웃사촌 같은 친구의 도움도 있어야 하겠더라

하나의 창窓을 통하여
세상 보는 눈과 살아가는 지혜를 함께 배운 친구야
동창同窓이 된 우리 인연 얼마나 귀하고 고마우냐

무슨 띠이세요

지하철 엘리베이터에서 만난 귀여운 여자아이
엄마와 영어로 말을 주고받기에
나도 모르게 영어로 예쁘다며 몇 살인가 물으니
엄마가 영어 이름을 우리말로 알려준다

어린아이에게 나이를 물으면
말은 못 해도 자랑스레 고사리 손가락 펴 보여주고
학생에게 몇 학년인가 물어보면
어깨 펴며 답하는 모습이 귀엽고 대견스럽다

처음 참석한 어느 모임에서
'뒷모습은 할머니인데 얼굴은 아니네요,
몇 년생이신가요' 하여 나를 당혹스럽게 하더니
동네에서 처음 만난 여인은 '무슨 띠 이세요' 한다

나이를 확인함이
대를 이어 지켜오는 삼강오륜三綱五倫의 하나인
장유유서長幼有序를 실천하려 함인가
서양의 영화나 드라마에서는
처음 만난 사람에게 이름을 물어보던데…

반세기를 더불어

두 사람이
한솥밥 먹기 시작한 지
어느새 오십 년

돈키호테와 팔불출이라는 별명을 나누며
딩크족族으로
전우애戰友愛로 지내 온 세월

오늘도 건강한 몸과 마음으로
아침 밥상 함께 차리니
무한한 사랑 베풀어 주시는 분 덕분이네

고맙고 또 고맙습니다
풍성하게 받은 주님 사랑
부르시는 그 날까지
이웃과 즐겁게 나누는 삶을 허락하여 주소서

세상이 천국으로

세상만사
선한 결과를 얻기 위한
원인 제공자와 문제 해결사와의
힘겨루기라 하네

승리자만의 이야기를 기록하여 역사라 하고
패배한 자를 선의의 피해자라 동정함도
상식과 객관성을 벗어나는 것이라 하네

불쌍히 여기는 마음으로 옳고 그름을 분별하고
자신의 언행을 살펴 부끄러워할 줄 알며
기꺼이 양보하는 마음들이 늘어나면
세상이 천국이 되겠다 하네

변신의 귀재

카멜레온의 생존을 위한 변신變身에 놀라지만
천주성자天主聖子의 강생降生은
인류 구원을 위한 사랑과 순명順命의 변신이니
믿음으로 받아들이고 감사드리네

성령聖靈의 힘으로
동정녀의 태胎를 빌어 인간으로 태어난 예수님
가난한 목수의 아들로 키움 받았으되
연장이 아닌 말씀으로 마귀의 유혹 물리치네

어머니의 청을 받아들여
물을 포도주로 변화시키는 마술사 되어
착한 아들의 마음과 능력 보여주네

스승이 되어 제자들이 보고 따라갈 길이 되어주고
빛이 되어 어두움 속 헤매는 자 길 찾게 하며
생명수生命水 되어 목마른 자 살리고
포도나무 되어 가지들의 생명을 이어주더니
빵과 포도주를 자신의 살과 피로 변화시켜

제자들에게 생명生命의 양식糧食이 되어주네

착한 목자 되어 길잃은 양들을 보살피며
오병이어五餠二魚와 병자치유病者治癒의 표징標徵으로
사랑과 자비가 충만한 아버지 마음 보여주더니
도살장에 끌려가는 어린양이 되었네

성부聖父의 뜻에 따라
십자가에 못 박혀 숨을 거두고
부활하여 천상天上 아버지 오른편에 앉아
성령을 보내어 제자들을 보호하며 인도하니
인성人性과 신성神性을 지닌 영원한
변신의 귀재鬼才이네

신록의 봄을

심술궂은 봄비에
벚꽃잎 모두 떨어지고 늦게 핀 겹벚꽃마저
지고 있다고 서러워 말아요

이팝나무가 쌀밥같이 하얀 꽃 피울 준비를 하고
가지치기 당한 매끄러운 배롱나무도
백일 동안 피고 질 꽃을 위해 새잎을 틔우고 있어요

길가의 이름 모를 풀들도
크고 작은 색색의 꽃으로 예쁘게 인사하고
벚나무도 싱그러운 연푸른 잎을 선보이고 있어요

모든 생명체가 생로병사生老病死함이 자연의 이치요
모든 일에는 때가 있으니
웃으며 신록新綠의 봄을 며칠만 더 기다려 봐요

어린 것은 무엇이나

이른 봄 들녘에
세상을 보고파 얼굴 빼꼼히 내미는
이름도 모르는 새싹과 작은 꽃송이

늙은 벚나무 등걸에 피어난 벚꽃 한 송이
아가의 뺨과 같이 빤짝빤짝 윤나는 석류 나뭇잎
하늘 향해 곱게 펼치는 연초록 소나무 손가락

뒤엉켜 꼬물대는 엄지손가락 크기의 쥐새끼
어미 젖가슴 파고드는 눈도 안 뜬 강아지
산도産道를 빠져나오며 비틀비틀 일어서는 송아지

자연이 보여 주는
경이로움과 아름다움에
감탄하지 않을 사람 있겠는가

여름이 없다면

1년 24절기 중 가장 덥다는 대서大暑
국지성局地性 폭우에 반복하는 우산 펴기와 접기
후줄근해진 바지와 척척한 운동화 속 양말
매미까지 귀청을 찢어대며 짜증을 보태 주네

'표한이열' 表寒裏熱이라는 나의 체질 때문인가
선풍기 피해 가며 찜통더위 견디어내기 힘들어
여름이 없다면 얼마나 좋을까 생각에 잠겨 보네

검푸르게 변해 가는 들과 산의 당당한 모습
장마 끝을 알리는 푸른 하늘과 하얀 뭉게구름
해수욕을 즐기는 아이들과 줄지어 선 파라솔
작열하는 태양과 세찬 비바람의 담금질
덕분에 더욱 강해졌다는 들판의 곡식과 과일의 모습
풍부한 수확과 나눔의 기쁨 어찌 다 누릴까…

한줄기 소나기 시원하게 지나가고 해가 반짝 하니
매미도 시원스레 울어 제끼며 나를 추켜세우네
사계절이 뚜렷한 한韓반도에 태어난 행운아라고…

오디의 추억

6·25 제주도 피난 시절 하굣길에
반 친구들 덕에 처음 맛을 본 오디
손과 입이 새까매져도 좋았다
허기도 채워주던 그 맛을 잊지 못한다

대학 신입생 시절 오후 휴강 시간에
대학 본관 뒷동산에서 발견한 오디나무
같은 과의 여고 동창들과 따먹고
다음 시간에 놀림 받았던 새까매진 입

졸업 육십 년 후 대학 동창과 찾은 교정
과학관 옆 오디나무가 반가워
신입생 시절 회상하며 깔깔대곤
따볼 생각은커녕 행여 밟을까 피해 갔다

재건축 아파트에 입주한 지 십칠 년 만에
자주 다니는 담길에서 처음 발견한 오디
좀 떨어진 곳에 있는 굵은 것이 신기하여
허리 굽혀 살펴보니 말라붙은 강아지 배설물이네

운칠기삼이라지만

흔히 운칠기삼運七技三이라 말하지만
나의 삶은 운구기일運九技一이라 감히 말하련다

이 세상 태어날 제
자주 닦아야 하는 은수저를 입에 물려주신 분
기회를 주기 전 지혜와 힘을 미리 키워주시고
측은지심으로 용서와 치유의 은혜 베푸시어
고마워하는 마음 키우고 나누고 갈무리하도록
이 세상 순례길에 좋은 인연까지 맺어주셨다

건강하게 팔십 대 노인 되는 운運까지 받으니
아홉의 운運에 하나의 내 노력 더하여 감사하며
카르페 디엠Carpe Diem하려 하기 때문이다

*카르페 디엠Carpe Diem 오늘을 즐겁게 최선을 다하여 살아감

정을 주고받고

폭염으로 덥다 더워 외치더니 어느새
매미는 소리도 제대로 못 내며 처량하게 울고
풀벌레 소리 요란하다

'더도 덜도 말고 한가위만 같아라' 라는
천고마비天高馬肥 계절이니 선물을 주고받으며
더위에 지친 몸과 마음 살찌우자고 격려한다

나이 들어가며 동창 모임에 참석인원 수가 줄어들듯
선물 보낼 곳도 줄어들겠지…
정을 주고받을 친구가 없어진 삶은 얼마나 삭막할까

커피를 즐기듯

누군가 인생을
벗과 함께 즐기는
커피 한 잔 같은 것이라 하였네

시도 때도 장소도 모르나
확실하게 찾아올 죽음을 기다리며
오늘에 감사하는 마음 모아

좋은 맛과 향 위에
마음사랑 얹어내는 바리스타 되어
벗과 더불어 나누며 즐기는 노후가 되기를…

3부

춤추는 산타

갑진년 마지막 인사동 나들이

꽃에 파묻혀 생각하는 여인의 모습에
지나온 한 해 회상하다
사람 얼굴로 변한 호랑이 그림에 폭소가 터졌네

엄동설한 이겨 낸 매화 마을 흰 물결치는 푸른 바다
맑은 물 소리 들리는 단풍계곡과 눈 덮인 산봉우리
아름다운 사계四季를 허락하신 분께 감사드렸네

누드화의 아름다움을 열심히 설명하는 화가와
곶감 그림에 군침이 돈다 칭찬하였더니
맛있는 상주곶감 쥐여주는 화가도 만났네

발달장애인화가 전시회의 안내 사회복지사 덕분에
아이패드에 그림을 그려 보고 출력물도 받고
경품 뽑기까지 하여 예쁜 앞치마 두 개나 받았네

코끼리 카페 이층에 앉아 치즈 베이글을 맛보며
오가는 여러 나라 사람 모습을 즐기니
고마운 마음만이 가득한 갑진년甲辰年이 지나가네

갤러리를 순회하는 마음

에드바르 뭉크, 『비명, 그 너머에』라는 전시회 제목에
되살아나는 십오 년 전 기억과
그 너머에 무엇이 있는지 호기심이 발동한다

노르웨이 오슬로의 아름다운 비겔란 조각공원
검푸른 울타리 숲 너머에서
검붉은 석양이 시커먼 구름을 만난 그 격한 모습
놀라고 무서워 소리지를 뻔했다 눈을 감았다
두 귀를 막고 있는
뭉크의 「절규」가 머리에 떠올랐다

"나는 깊은 불안감으로 고통을 겪어 왔고
내 예술을 통해 그것을 표현하고자 했다"는 뭉크
"내 그림에는 약간의 햇빛과 흙먼지 그리고
비가 필요하다. 때로는 그것이 컬러를
더욱 조화롭게 한다."고 하였다

그가 필요하다는
햇빛과 흙먼지와 비는 무엇인가

아는 만큼 보인다는데…

작가가 토해 내는 불안감이나 고통을 떠안기보다
마음 깊이 전해지는
기쁨과 에너지를 갈무리하고 싶다
주말에 갤러리를 순회하는 마음이다

부모 손잡고 따라온 아이들
무엇을 느끼고 갈까…

계묘년 마지막 날에

펑펑 함박눈이 내린다
동네 아이들이 환호하며 눈을 굴리고
강아지처럼 눈 위에 나뒹굴고 있다

꿈 속에서 발이 푹푹 빠지는 눈길을 걷다가
환한 빛에 깨어나 보니 해님이 눈부시게 웃고 있고
발코니에서 내려다본 길과 지붕 위엔 눈이 없다

눈을 의심하며 내려간 아파트 정원
맥없이 쓰러진 눈사람
화단 옆에 흩으러진 눈덩이들이 나를 맞이한다

"하느님이 보우하사 우리나라 만세"하며
두 손 모으고 맞이했던 2023 계묘癸卯년
햇볕의 위력에 따듯한 위로를 느끼며 보내 주었다

공휴일 오후 카페에서 · 1
 - 무에 그리 급한가

아들을 데리고 카페에 들어온 남자
팔짱끼고 고개 숙여
테이블 위 핸드폰 들여다보며 꾸벅이다가
기특한 듯 아들 머리통을 쓰다듬네

무표정한 초등학생
아빠에겐 눈길도 안 주고
태블릿 피시에 두 손 놀리며
눈동자 굴리기에 바쁘네

아빠의 커피잔 속 얼음은 작아지고
아이는 식어가는 핫초코를 거들떠도 안 보네
무슨 일이기에 그리 급한가
잠시 쉬었다 가면 어떨까…

공휴일 오후 카페에서 · 2
– 다정한 친구

며칠 전 오후에 만났던 부자父子
또 만났다
같은 장소에 자리잡았다

핸드폰 세워놓고 앉은 아빠
아들의 태블릿 피시를 들여다볼 때마다
손가락이 다르게 움직인다

아들과 아빠가
머리 맞대고 미소 지으며
핸드폰과 태블릿 피시를 번갈아 들여다본다

각자 자기 음료수를 마시는가 하였더니
들여다보던 기기器機가 바뀌었다

기기器機를 바꾸어가며
내용을 공유하는
아빠와 아들이 다정한 친구 같아 보였다

공휴일 오후 카페에서 · 3
- 부자가 함께 게임을

카페에서
두 번이나 만났던 부자父子를 또 만났다
무슨 인연이라도 있는가

아빠가 아들의 태블릿 피시 화면을
가끔 기웃거린다
아이스 아메리카를 홀짝이며

호기심이 없는 사람이라도
궁금증을 떨쳐버릴 순 없을 터
하물며 호기심 많은 흰머리 할매야

어찌하면 아들의 화면을 볼 수 있을까
물어볼 수도 없는 노릇 훔쳐나 볼까
빈 커피잔을 수거대에 올려놓으며 슬쩍…

작은 인형 같은 것들이 바쁘게 움직인다
소위 게임이라는 것인가 보다
부자가 함께 즐기니 재미있는 것인가 보네

깔끔한 휴전 음식상이

네 폭짜리 병풍을 보며
세세한 묘사에 새삼스레 감탄하고
책거리에선 식상함마저 느끼더니

책거리 한 귀퉁이에 자리 잡은
바둑판 포도송이 골프채 노트북 핸드폰에
신선함이 느껴진다

갑자기 한식도 아니고 양식도 아닌
깔끔한 휴전 음식상飲食床이 눈앞에 펼쳐지고
먹고 싶다는 생각에 후출함 마저 느껴진다

『민화와 창조적 민화전』에서…

을사년 새해 첫날에

가볍게 내린 동짓날 눈이 녹아나는
서울숲 산책길
가랑잎 길은 뽀송뽀송 바스락 바스락
대리석 길은 미끌미끌 버석버석

구름 한 점 없이 높고 푸르기만 한 하늘
고개 들어 둘러보니 눈이 시리다 못해 아리고
동지冬至 지나
새해의 맑은 공기 가슴 속 파고드네

이리 아름다운 우리의 가을 겨울 하늘처럼
2025년 을사년 새해에는
우리 모두 맑고 깨끗해진 마음으로
"하느님이 보우하사 우리나라 만세" 하기를…

물방울 하나

캔버스 위에 떨어진 영롱한 물방울 하나
홀로 스며들면 얼룩이 되고
다른 물방울과 어울리면 다양한 형상들이
아름답게도 초라하게도
캔버스의 바탕과 색상에 따라 만들어진다

이 세상에 유일한 존재로 태어난 사람
캔버스 위에 떨어지는 물방울처럼
환경의 지배를 받으리니
주어지는 일에 최선을 다하되
그 결과는 하느님께 맡길 일이다

-김창렬 화백의 《영롱함을 넘어서》전시회를 보고-

미술작품과 함께 피서를

찜통더위에 덥다 더워하며
그림을 찾아 인사동과 예술의 전당 등을 순회해요

취향에 따르는 아마추어적 품평도 안 하고
그려 보고 싶고 가지고 싶다는 욕망 다 떨쳐버리고
그냥 더위를 잊고 전시 작품들을 즐겨요

해바라기꽃 보며 일편단심 해님을 생각하고
시화詩話 앞에서 글의 뜻 곱씹어보며
하얀 포말 일구는 푸른 바닷물 속으로 풍덩
해학적 그림 앞에선 어린아이 되어 마음껏 웃고
깊은 계곡 맑은 폭포수에 마음 속 땀도 닦아 내며
멋진 조각상 옆에서 포즈도 취해 보아요
작가들의 노고에 감탄하며 고맙다 하면서…

이 이상 더 멋진 피서가 없는 것 같아요
집에 오는 길 아이스크림 한 컵은 금상첨화이구요

소문난 잔치

유명화가 상賞을 받은 작품 전시장에서 엿들은
'소문난 잔치에 먹을 것이 없다'는 혹평酷評
나의 시집詩集에 대한 평을 생각해본다

'무슨 말인지 모르겠다
마음에 남는 게 없다
읽느라 보낸 시간이 아깝다' 하면 어쩌나…

부족하여 미안하고 부끄럽지만
밤 지새우며 컴퓨터와 마주한 수고만이라도
생각해 주면 고맙겠다

친구들이 전하는 말

이 세상에 태어난 해(年)와 시(時)가 같은지라
출세가 빠를 것이 주역周易의 해석이라더니
우리 동창들의 막내가 되었고
정월대보름 생(生)이라
'팔자가 세다'는 말도 들었다더니
무자식 상팔자로 딩크족族이 되었나 보네

하느님의 축복받은 자임을 깨달아
"제가 무엇이기에 이리 돌보아 주십니까" 하며
은혜에 감사하여 보답하려 하는 모습 보시고
마음 안에 머무시는 분이 미소 지으시는 것 같다며
오늘이 여생餘生의 첫 날인 듯 마지막 날인 듯
고마워하는 마음 베풀어 노년을 즐겁게 지내면서
〈99 88 234〉 하는 선종善終의 은혜 구하더니
잔잔한 미소 지으며 영생永生의 길로 떠났네

내 영면永眠의 소식을 들은 친구가
다른 친구들에게 전하는 말이기를
감히 기대해 보네
2024 갑진년甲辰年을 보내며…

알 수 없는 두려움에

용띠 뱀띠 말띠 양띠생인 동창들의 작은 모임
용띠생이 세상을 떴고 이제 뱀띠생들의 해가 오니
누가 알리 뱀띠 해를 다시 함께 맞이할 수 있을지…

을사乙巳년의 역사적 사건들 떠올리며
알 수 없는 두려움에 어찌할 바 몰라
주름진 두 손 간절하게 모아졌네

'임마누엘' 우리와 함께하시는 하느님
"두려워하지 말라" 하시니
"하느님이 보우하사 우리나라 만세" 하였네

어떤 비둘기 한 쌍

퍽 소리 내며
내 발길 앞에 떨어진 비둘기 한 마리
다른 한 마리 조용히 내려와 곁에 앉으니
비틀거리며 아파트 기둥 안으로 들어간다

심폐소생술이라도 하려는가
따라온 비둘기가 몸통에 올라
날갯죽지를 푸드덕거리더니 떨어져 앉는다

홀로 남아 숨이 끊어진 비둘기
날아가는 짝꿍에게
무어라 했을까…

왜 시를 쓰는가 · 1
– 살아있음이 고마워서

덕수궁 미술관에서 열린 『장욱진 회고전』
천상천하에 오직 하나뿐인 '나'라는 존재
반가운 손님이 온다고 알려주는 까치가 되어
해와 달만 바라보며 자라는 나무와 더불어
가족과 오순도순 살아온 삶의 '진지한 고백'이란다

듣고 배워서 사용해 온 일상의 언어로
다람쥐 쳇바퀴 돌듯 돌아가는 삶의 냄새 맡으며
위로와 기쁨과 희망을 길어 올릴 수 있는 글을
간결한 글을 쓰고 싶었다
언제인가 본 장욱진 화백의「부엌」처럼

마음 속에 일렁이는 바람 따라 글을 쓰며
살아있음을 느끼고 꿈꾸며 신神을 마주하여
어린아이의 순수함 닮아가는 자신을 발견하여
코가 땅에 닿도록 허리 굽혀 감사드리게 되었다
"제가 무엇이기에 이리 보살펴 주십니까"

왜 시를 쓰는가 · 2
- 더불어 살아갈 힘과 용기를

첫 문집을 낸 지 이십오 년
'구슬이 서말이라도 꿰어야 보배'라기에
멋모르고 묶어내다 보니 아홉 권이나 되매
왜 시를 계속 쓰는가 다시 물어본다

시(詩)라는 한자가 말씀言 변에 절사寺인 이유는
비범非凡하게 느껴진
평범平凡한 삶의 일상을 관상하는 침묵의 시간과
함축된 언어로 풀어냄을 즐겨야 하기 때문이 아닐까

평범 속에서 비범을 발견하는
즐거움과 괴로움 함께 나누며
아름다운 세상을 꿈꾸고 더불어 살아가려는
힘과 용기를 얻을 수 있음이 고맙고 또 고맙다

작가이신가요

추워진 날씨에 나간 인사동 갤러리 순회
철길 따라가며 그린 그림들이 발목을 잡아
지하철역 이름 떠올리며 마음 설레이는데
"작가이신가요"라고 묻는다

"아니요 그냥 그림이 좋아서…
그릴 줄 모르니 즐기러 다니지요
모르는 것보다 아는 것이 낫고
아는 것보다 좋아하는 것이
좋아하는 것보다 즐기는 것이
더 좋은 것이라 하잖아요"

멋쩍어하며 길게 답하고 아차 하는데
"이렇게 다니시면 눈이 높아지겠네요" 한다
뜻밖에 들은 작가의 말
왜 내 어깨가 으쓱해질까…

잘 될 나무 떡잎부터

아파트의 출입구를 향한 길
유모차를 끄는 엄마 따라 깡충거리는 여자아이
잘 걷는다는 칭찬에 '엄마'라는 말만 하네

비탈길이 힘들어 게걸음을 걷다가
문득 뒤돌아보니
그 아이가 내 걸음 흉내 내고 있네

낯선 모습 관찰하고
자신의 행동으로 재현해 보는 아이
아파트 정원호수에 잉어 먹이 뿌리며 손뼉치는 아이
잠자리채에 잉어가 안 들어온다고 짜증내는 아이

'잘 될 나무 떡잎부터 알아본다' 하던데
이 아이들의 미래는 어떠할까…

춤추는 산타

인사동 가게에서 만난 쏠라(solar) 산타
해의 비추임 받고 신바람이 나서
양 팔 펴고 엉덩이 흔들며 춤을 춘다

미소가 절로 나는데
흉내 내어 몸까지 흔드는 자신을 발견하고
소리내어 웃었다

거실 TV 앞에 모셔다 놓고
짝꿍과 함께
흉내 내며 말을 걸고 웃으며 즐긴다

이처럼 생명의 빛 받아 웃는 얼굴과 작은 몸짓으로도
이웃에게 즐거움을 줄 수 있으면
얼마나 좋을까

푸른 용의 새해에는

세계적인 경제난에 주목받는 단어 ○○플레이션
수요초과로 물가가 오르니 인플레이션
공급초과로 물가가 떨어지니 디플레이션
불황에도 물가가 오르니 스태그플레이션
단가를 유지하되 양을 줄이는 슈링크플레이션

검은 토끼의 해 계묘癸卯년을 보내며
내어 놓은 국내 유명학자들의 사자성어四字成語
일 순위가
견리망의見利忘義라는 이유를 알 것 같네

2024 푸른 용甲辰의 새해에는
자유로운 구름 따라 날아다닌다는 용처럼
플레이션이란 이런 단어들이 사라지고
공급자와 수요자가 윈윈(win win)하기를…

* 견리망의 : 이익을 보면 의리를 잊음

4부

가을 나뭇잎

가을 나뭇잎

맛있는 사과 빛 닮은 가을 나뭇잎
바람결 따라 훨훨 날아
툭 툭 떨어지네

쌓이는 낙엽 밟으니
지나온 삶 반추反芻해 보라
바스락바스락 속삭이네

이제 썩어
거름이 될 일만 남았으니 감사하다며
바람 따라 자유롭게 이리저리 굴러가네

가을 문턱의 우박 소나기

시커먼 하늘에서
나뭇잎 모양의 하얀 덩어리들
내리기 시작한 빗줄기 사이를 뚫고
뚝뚝 땅으로 떨어진다

이 더운 여름에 웬 우박인가
무엇을 잘못 보았는가 TV에서 보여준
수온이 상승된 양식어장의 '무산소물덩어리'인가
팔십 평생 처음 보는 광경에 입을 못 다문다

장대비가 한 시간여 무섭게 쏟아지더니
뭉게구름 보이매
매미와 쓰르라미가 시원스레 외친다
오늘이 입추立秋이니
곧 말복末伏이 지나고 처서處暑가 와요

지혜롭게 1년 24절기의 계절 이름 만들어
심한 더위나 추위도 보름 정도만 견디어 내면 된다고
희망과 용기를 안겨주는 선조들이 고맙다

가을에 봄 소문을

연분홍색 꽃으로 내 얼굴 간질이던 나무
늦가을비가 추적거리니
여름 가을 정성껏 키워 물들여 놓은 잎으로
정원 산책길에 수繡 놓고 있네

비바람 멈추면
설치미술작품 쓸어 모으는 청소원에게
몇 차례 일거리 주고 나목裸木이 되어
충전하려고 동면冬眠을 시작하겠지…

깨어나면
기지개켜며 봄 소문 퍼뜨려
내 마음 들뜨게 하겠지…
새삼스레 벚나무가 신비스럽네

개구리가 홀짝 하기를

우수雨水에 핀 눈꽃 녹아 물이 되니
앙상한 나무들 더욱 초라해 보이는데
다닥다닥 연푸른 꽃망울 매달고 있는
아파트 정원 이곳저곳의 살구나무들…

'너희들 무슨 생각을 하고 있니…'
'보름 후 개구리가 홀짝(驚蟄)하면
우리 정원에서 제일 먼저 꽃을 보여 드릴게요'
'올 봄엔 네가 얼마나 예쁠까 기대되네…'

꽃샘추위 잘 이겨 낸 살구꽃 활짝 피어나면
산수유 목련 벚꽃 진달래 철쭉 영산홍이
뒤를 이어 까꿍까꿍 정원을 환하게 꾸미겠지
그 날 기다리는 마음에 벌써 봄바람이 살랑살랑

나와 너의 발자국이

누구나 걸어가는
인생 여행길
자연스레
삶의 흔적이 남겨지네

길을 몰라 헤매일 때
앞서 간 이들의 흔적 찾아 따라가듯
나와 너의 발자국도 모여
뒤에 오는 이들의 길이 되어 주겠네

이왕이면
거칠고 굽은 길 높은 언덕 깊은 계곡
평탄하게 닦고 징검다리도
놓아 주면 참 좋겠네

노년을 살아가며

오랜만에 찻집에 홀로 앉아
오가는 사람들 모습 즐기려는데
손가방 흔들며 뒤뚱거리는 세 뚱보 할머니의 뒷모습에
데스 브로피의 그림이 머리에 떠오르며
환하게 웃음꽃 피어나네

자의반 타의반 일터에서 해방되어 갈 곳 없어지니
듣고 보고 하고 싶은 것 없이 무력감마저 자라려는데
닳아버린 몸의 이런저런 하소연 들어 주기 바쁘고
결혼 청첩장 대신 날아드는 부고장엔 겁도 나니
이것이 유종의 미를 거두어야 할 노년의 삶인가…

'콩 심은데 콩 나고 팥 심은데 팥 난다'고 하니
지난날의 잘못은 뉘우쳐 용서를 구하고
오늘이 내 여생의 첫날인 듯 마지막 날인 듯
고마워하는 마음 베풀며 이웃과 더불어
어차피 떠나야 할 이 세상 웃으며 지내다 가려네
〈99 88 234〉하는 선종善終의 은혜 구하면서…

정면과 반면교사

새로운 만남 축하하며 감사하는 어른들 마주하여
혼자 울며 이 세상에 태어난 유일한 존재
이별이 안타까워 눈물짓는 사람들 뒤로 하고
혼자 웃으며 이 세상 떠나겠지만
이 세상 순례길 나 홀로 걸어갈 수는 없네

고전古典에 세 사람이 함께 길을 가면
그중 한 사람은 스승이라 하는데
정면正面이 아닌 반면反面 교사敎師도 있다하네
팔십여 년 인생길에서 만난 수많은 스승
정면과 반면 중 어느 편이 더 많았을까…

정면 교사가 많으면 인복人福이 있다 하는데
나를 끔찍하게 아껴주며 자상하게 가르쳐주는
최고의 스승 만났으니 얼마나 큰 축복인가
하지만 내 힘만으로는 따를 수 없는 스승의 가르침
누군가의 반면교사만 아니 되기를 청하네

단풍낙엽

검붉고 작은 단풍나뭇잎이 우수수
벚꽃도 아닌 것이 나비처럼 팔랑팔랑
흰머리 위로 하나 둘
맑은 밤하늘에서 별똥별 떨어지듯 툭 툭…

여기저기 액체와 고체의 더러운 흔적에
피해 다니던 옆 동네 아파트 담길
쌓이는 단풍낙엽 밟으며 바스락 소리 즐기려니
깨끗한 척 하지 말고 평범한 사람 중 하나 되라 하네

대추를 보고도

대추를 보고도
안 먹으면 늙는다 하기에
비싼 듯한 풋대추 한 팩
집어 들었네

양치질하고 있는 나를 욕실로 찾아와
"뭘 해요?"
"보면 모르셔요?"
"침침해서 안 보여…"

이렇게
웃으며 늙어가고 있는데
풋대추가 무슨 소용이 있으랴만
상큼한 맛이 입맛을 돋우네

사십 년 만에 토란국을

추석 성묘 겸 다니러 온 미국 시민 된 남편 동창
어려서부터 먹어오던 세시歲時음식 토란국 대접하려
집에서 가까운 백화점 두 곳에서 허탕치고
동네 마트 두 곳을 돌아 흙토란을 겨우 구입하였네

이민 간 지 사십 년
토란을 구할 수 없어 추석을 아쉽게 보내왔는데
어머니가 끓여 주시던 토란국의 토란 맛이라며
한 그릇을 더 청하여 맛있게 드시네

암산暗算을 해가며 고급 한우고기까지 차려 놓았지만
대박을 터뜨린 것은 토란국
다른 분들도 요즈음 먹기 힘든 음식 고맙다 하시니
어깨너머 배운 양가兩家 어머님의 손맛이 그리워지네

심술꾸러기 꽃샘추위

꽃피는 춘삼월
살랑대는 봄바람에 들뜬 마음 옷차림도 경쾌해
옅은 색으로 갈아입은 나무들 꽃눈 잎눈 틔우는데
온도계 수은주 기둥은 무겁게 떨어지네

설악산엔
눈꽃과 처마 밑 고드름이 주렁주렁
올해도 잊지 않고 찾아온
심술꾸러기 꽃샘추위 실감하네

며칠 장난으로 끝날 너는 너
추위를 이겨 낼 나는 나
희망의 봄바람으로 새롭게 시작하는 매일
아름다운 내 인생의 꽃 피우려네

어느날의 홈캉스

모처럼 외출이 없는 날 느지막하게 일어나
전날 밤 탈고한 원고 이메일 보낸 후 아점을 들고
집 카페에서 테라로사를 한 잔씩 내렸네

냉동실의 아이스크림 꺼내어 냠냠하며
이런저런 신문 기사에 밑줄 그어 서로 권하다가
저녁상도 늦게 차렸네

맨손체조 하며 아홉 시 뉴스에 귀 기울인 후
미국 드라마 LAPD를 보며 SWAT 대원들의
동료애를 넘어서는 가족애家族愛에 감탄하였네

언어 쓰레기

사람이 가장 잘하는 것이 쓰레기 만드는 일인가
생리적 배설물
음식물 쓰레기 등 생활 쓰레기
분리수거장으로 매일 내다 버린다

마음 속에 쌓이는
분노와 증오 탐욕 시기 등 응어리
때와 장소 가리지 않고 쏟아 내니
언어 쓰레기 되어 온 세상이 몸살을 앓는다

'세 치 혀'의 위력인가
'촌철살인(寸鐵殺人)' 마저 이루어지니
'말로서 말 많으니 말 말을까 하노라'
'유구무언有口無言이로소이다' 하는 이들도 있다

번식하려는 마음 속 응어리 과감하게 걸러 내어
소각용 수거장으로 배출하고
'말 한 마디로 천냥 빚 갚는'
사람이 많아지기를…

오늘의 풍요가

자식들의 엉뚱한 말과 행동에 혀를 차던
옛날의 어른들
세상에 망조亡兆가 들었다 했지요

하지만 세상은 망하지 않고
날로 발전하는 물질문명으로 풍요로운데
지금의 어른들 옛 어른 흉내내듯 혀를 차요

오늘의 풍요를 한껏 즐기니
부모와 자식 간의 대화 시간을 빼앗고
오늘을 이루어 낸
어제의 공과교훈功過敎訓에서
옛것과 새것의 조화와 균형을 이루어 보려는
마음과 시간적 여유를 갉아버리네요

이 세상 졸업식을 멋지게

개선책을 못 찾은 24시간 무릎 통증
'하루라도 젊었을 때 인공관절 삽입하고
삶의 질을 높이자'는 주치의의 권고

수술 후 고통 못 이겨 하소연하니
'십자가상 예수님 생각하며 견디라' 던 대학 선배의 말
지금 생각해도 부끄럽고 또 부끄럽다

이제 각종 모임에 두 발로 걸어 참석하며
맡겨지는 의무 수행과 즐기는 친교의 시간
매일의 삶에 생기 돋아나니 고맙고 또 고맙다

회개하며 고마워하는 마음으로
언제인가 치를 이 세상 졸업식 멋지게 하고파
오늘도 한없이 자비로우신 분께 달아든다

일을 하는 마음

함께 일하자는 초대에
고마워서 신바람 나게
옆 사람 흉내도 내며 열심히 일한다

업무에 익숙해지면
불이익을 받을까 두려워서
재미가 없어지고 싫증이 나도 하라는 대로 한다

이왕이면 나와 내 가족의 밥줄인
고용주에게 잘 보이려 그의 뜻 헤아리며
즐겁게 일하자고 힘겨워하는 몸과 마음 추스린다

가볍고 기쁜 마음으로 정성을 다하다 보면
행복한 일꾼으로 새롭게 태어나
주인에게 인정받는 협력자로 친구가 되어 간다

초록빛 은행나무 낙엽

이상기온에 볼품 없는 가을 색깔
아쉬운 마음에
지난해를 떠올리며 새해에 기대를 걸어보네

설상가상雪上加霜 갑작스런 강풍에
나뭇잎들이 우수수
초록빛 은행나무 잎들이 길가에 쌓여 가네

노랗게 물들어 보지도 못하고 떨어지다니…
안쓰러운 마음에 떠오르는 것은
어린 자식 먼저 떠나보낸 어미의 마음이네

축복받은 할머니들

첫눈이 바람에 흩날리는 아침
용기 내어 자녀들의 만류도 뿌리치고
약속된 장소에 모인 동창들

다투어 가며 나누는 덕담 속에
감사하는 마음과 행복함이 가득가득
호호 하하 즐겁게 웃어대는 주름진 얼굴들

첫눈으로 축복받고 맛있는 음식으로 힘을 얻어
시청 앞 광장 덕수궁 석조전 인왕산 바라보며
"백설白雪이 난분분亂芬紛하니…"를
읊조리는 할머니들

팔팔한 발코니 식구들

대설大雪에도 따뜻하던 겨울 날씨
동지冬至에 매서움 보여 주니
한낮에도
수은주가 영하로 내려가네

발코니에 자리 잡은
화려한 호접란
은은한 향내 풍기는 동양란
꽃봉오리 피우기 시작한 게발선인장

상하면 어쩌나…
난방비 걱정하며 조금 열어 놓은 거실 문
주인장이 감기에 걸렸네
발코니 식구들은 팔팔한데

한겨울 밥상의 주인공을

손꼽아 기다렸던 어릴 적 김장 날
생굴이 들어간 배추 꼬갱이 쌈
생태를 넉넉하게 넣은 배추된장국
지금도 입맛 다시게 하는 보양식을 먹었네

시간과 품을 줄이려
무에 절인 배추 썰어 넣어 깍두기로 버무리고
무청은 마트에서 얻어온 것과 데쳐서
일회 분씩 포장하여 냉동시켰네

한겨울 밥상의 주인공인
김치와 된장국 국거리를 쟁여 놓고
배추에 무와 소고기 넣어 된장국 끓이니
안 먹어도 배가 부르네

5부

구름 위 달마 되어

가을의 멋을

점심 식사 후
회사 옥상 텃밭에서 수확하고
황금빛 들녘 길에서 주워 모은 가을 열매들

옹기종기 머리를 맞대고 탁자 위에 앉아
이야기꽃을 피우네
낮에는 소곤소곤 밤에는 마음껏 큰소리로

태어나서 자란 곳은 어떤 동네인지
이곳에 오게 된 사연과 아쉬움도
한 배 탄 낯선 친구들과 거리낌 없이 나누네

구름 위 달마 되어

구름안개 가득한 설악산
권금성權金城행 케이블카 손님을 환영하는
달마봉과 울산바위

푸른 하늘 아래
흰 구름 위에
떠 있네

온갖 잡념雜念 뒤엉킨 세상 떠나
달마達磨 되어
푸른 하늘 푸른 바다 보며 살고파라

까치밥

늦은 겨울
감나무에
붉은색 단감이 주렁주렁

까치 한 마리 찾아와
허겁지겁 허기를 달랜다
땅에도 떨어뜨리며…

'기다리고 있었다
먹어 주어 고맙다'
감나무가 미소 짓는다

나뭇잎

여린 손 힘껏 펴 하늘 우러러 노래하고
새알 둥지 품어 지켜내고
연못에 핀 아름다운 꽃과 춤추고
잘 익은 열매 자랑스럽다 속삭이는
나뭇잎들

색깔 고운 옷 입고 팔랑팔랑 낙엽 되매
한 자리에 모아 마음사랑 전하며
꿈을 물어보니
새로운 봄 위해
자신을 썩히는 겨울 잎 됨이라 하네

구름 위 달마 되어 · 119

난의 향기

발코니의 난蘭이 꽃 피우니
은은한 향香 내음
집안에 가득한데

아는 사람만 알고 즐기니
친구분 초대하시던
친정아버님 생각나네

꽃을 피워 볼까
향을 즐겨 볼까
내게 맡겨진 역할은 어떤 것일까…

몽골의 바이칼호湖

수평선만이 보이는
넓고도 깊은 바이칼호湖
한韓 반도가 잠기고도 남을 정도라 하네

담백한 맛의 맑은 물
바람결 따라 부드럽게 찰랑대고
물 속의 예쁜 조약돌
함께 놀자고 유혹하네

뜻밖의 흰 물거품과 유유히 지나가는 요트
러시아에 빼앗긴 몽골인의 한恨이 어떠할까
생각에 잠기게 하네

눈 발자국 무늬길

가볍게 내리는 눈 밟으며
조심조심 집으로 돌아오는 길
갑작스레 낙엽 쓸어내는 기계 소리
놀랍게도
아파트 정원길의 눈이 치워지고 있네

눈 맞으며 수고하는 사람 덕분에
미끄럽지 않은 길 만들어지니
고맙다 하였더니
감추였던 발자국 무늬도 예쁜
멋진 길이 드러났네

눈雪 다식 사랑

눈이 녹아 빗물이 된다는 우수雨水에 내린 눈
감사하며 머금은 나무들이 빤짝빤짝
눈이 시리도록 온 동네가 새하얀데

다식판茶食板으로 다식을 찍어 내듯
쌓인 눈 찍어 내어 만든 예쁜 눈다식
커다란 하트 되어 아파트 정원에 남겨 졌네

자연을 사랑하며
더불어 즐기는 고운 마음에 감탄하니
내 마음에도 하트가 그려지네

눈사람이 만들어 낸 길

25년 새해 첫눈이 소복소복
서울숲에 소풍 나온 사람들

곱게 쌓인 눈 굴려
풀잎 섞인 멋진 눈사람 만들어
이름까지 지어 주었네

흰 눈 덮인 초원에
길도 아름답게 만들어졌네

구름 위 달마 되어 · 127

눈사람이 "아이 추워"

소한小寒 대한大寒이 놀라자빠진
39년만의 입춘立春 강强추위와 폭설
봄이 어찌 오려나

한파寒波에 놀란 눈사람
아파트 출입구 계단 아래에 웅크리고 앉아
"아이 추워~" 하네

바리스타의 사랑

따뜻한 커피라떼에 정성껏 얹어놓은 하트
손님에게 전하는
바리스타의 마음사랑이네

그 마음 소중하게 간직하려
천천히 조금씩 마시네
그림을 감상하며

시각視覺 미각味覺 후각嗅覺이 만족해 하니
감사하는 마음 가득하여
내 영혼 풍요롭게 생기 돋아나네

부채질하며 달과 별과

화분에서 솎아 낸 나뭇잎들 모아
만지작거리며
무엇이 되고 싶은가 물었네

둥근 달이 뜨고
별이 반짝이니
부채가 에헴 큰 소리 내네

빈 그릇 하나

이 세상에 태어나며
받아 든
보이지 않는 빈 그릇 하나

이마에 땀 흘려 물 주고 잡초 뽑으며
자신만의 색깔과 향香으로 멋지고 아름답게
정성껏 가꾸어 채워 가네

내용물에 따라 달라지는 모양과 크기
그분 마음에 드시게 꾸미려
무엇을 담을까 매일 선택의 기회를 즐기네

사과껍질

50여 년 전 어느 날
고운 색에 반하여 책상 위에 놓아 둔 홍옥 껍질
시들어 가며 향기를 한껏 풍겼네

이 사과껍질처럼 나도
모든 것을 아낌없이 내어주는 내 삶이
끝나갈 때 향내를…

이 작은 소망 들어주소서
기도하며
그림 그려 간직하였네

아름다운 약속

서울 숲 거울 연못에 비친
아름다운 '약속의 손' 조각상

만날 때마다 새롭게 다가오는 약속의 의미
자신 가족 사회와 국가 하느님과의 약속

이들 약속은
어떻게 지켜지고 있는가

입춘대길

봄이 왔으니
올해도 좋은 일만 있으라고
발코니의 난(蘭)이 꽃을 피웠네

물 주고 안부(安否) 물어 보는 재미
느끼게 해 주니
고맙고 행복하네

눈사람 이름

쌓인 눈에 환호하며 뛰쳐나온
아파트 아이들
아빠와 엄마와 함께 눈사람 만들어
붙여 준 이름 자랑스레 알려 주네

재미있는 이름처럼
이들이
꿈꾸고 있는 새해 소망
이루어 주십사 두 손 모으네

바다부채길

해안단구 따라 구불구불 오르락내리락
바다를 향해 펼쳐진 부채 같은 길

수평선 넓은 바다
푸른 하늘 흰 구름

초록 해안 너머 가 보고파
달려오는 바닷물
크고 작은 바윗돌에 막혀 하얀 한숨
시원하게도 아름답게도 토해 내는 이곳

너도나도 넋을 빼앗기는
해변 낙원길이네

정원호수庭園湖水 불청객

잎 푸른 나무와 봄꽃이 어우러진
평화로운 아파트 정원의 작은 호수에
해오라기 한 마리 발 담그고
우아하게 서 있다

긴 부리에 낚아 채인 붉은 잉어
꼬리를 팔딱팔딱
하얀 물방울 하늘로 올리니

살아남은 잉어들
허둥지둥 아랫길로 숨어들었는데

새는 시치미떼고 앉아
꽃구경한다

구름 위 달마 되어 · 143

즐거운 썰물 해수욕장

바닷물이 나가는 오후
단단해지는 모래밭 여기저기에
노래하고 춤추며 발자국 남기는 무리

바닷물 찰랑거리는 모래밭 콕콕 찍어대다가
뿌려지는 과자에
환호하며 푸드득 푸드득하는 무리

진주꾸러미 같은 하얀 포말泡沫
타고 넘으며
고무줄넘기 하는 장난꾸러기들

미동微動도 않고
밀물과 썰물을 모르는 수평선 응시凝視하며
깊은 생각에 잠긴 무리

어느 무리에 끼어볼까 상상하게 하는
즐거운 갈매기 무리 있어 썰물이 고마운
을왕리 해수욕장

즐기며 걷는 길

누구나 걸어가야 하는
어렵고 힘든 인생 여행길

피할 수 없으니 즐기며 걸으라고
이렇게 저렇게 꾸며 놓았네

나는
어떤 길을 만들어놓으려나

누구나
걸어보고 싶은 길이면 좋겠네

제주 사려니 숲

오직 하늘만 바라보며 자라는 나무들
햇살을 독차지하여 음산한 그늘 만드는데

키 작은 나무들 '너는 너, 나는 나' 하며
틈새의 볕 받아 곳곳에 덤불을 이룬다

순수시선 693

약속의 삶

홍경자 지음

2025. 6. 30. 초판
2025. 7. 10. 발행

발행처 · 순수문학사
출판주간 · 朴永河
등 록 제2-1572호

서울 중구 퇴계로48길 11 협성BD 202호
TEL (02) 2277-6637~8
FAX (02) 2279-7995
E-mail ; seonsookr@hanmail.net

· 저자와의 합의하에 인지를 생략함
· 잘못된 책은 바꾸어 드립니다

ISBN 979-11-91153-83-5

가격 20,000원